NUMBER 322

THE ENGLISH EXPERIENCE

ITS RECORD IN EARLY PRINTED BOOKS
PUBLISHED IN FACSIMILE

HENRY THE EIGHT

ANSWERE UNTO A CERTAINE LETTER OF MARTYN LTHER

LONDON (1528)

DA CAPO PRESS
THEATRVM ORBIS TERRARVM LTD.
AMSTERDAM 1971 NEW YORK

The publishers acknowledge their gratitude
to the Trustees of the British Museum
for their permission to reproduce
the Library's copy
(Shelfmark: C. 55. b. 6)

S.T.C.No. 13087
Collation: A^{12}, B–E^{8}, F^{6}

Published in 1971 by
Theatrum Orbis Terrarum Ltd.,
O.Z. Voorburgwal 85, Amsterdam
&
Da Capo Press
- a division of Plenum Publishing Corporation -
227 West 17th Street, New York, 10011
Printed in the Netherlands
ISBN 90 221 0322 6

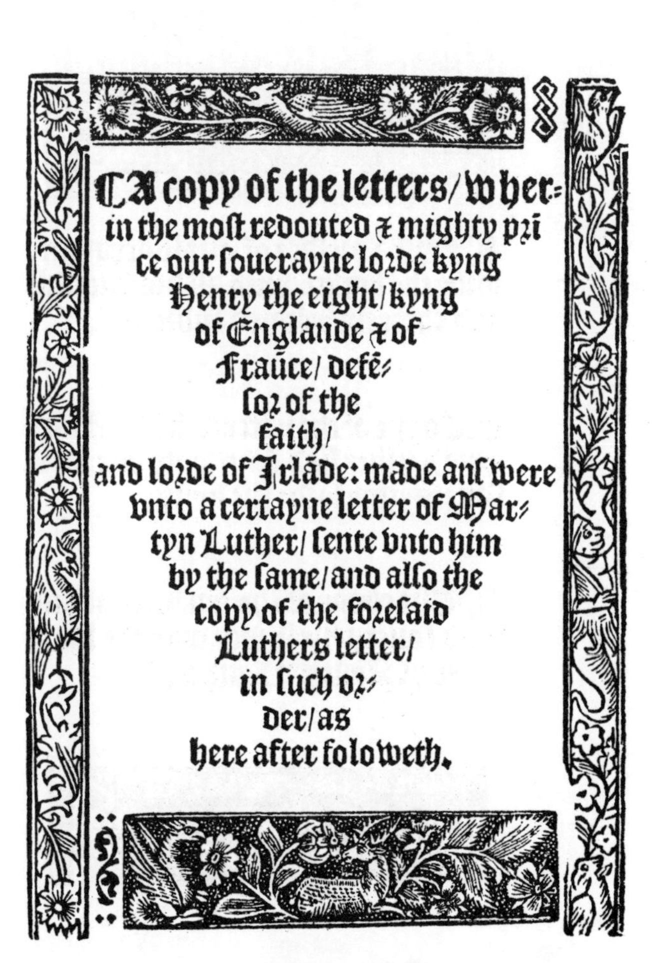

¶ A copy of the letters/ wher-
in the moſt redouted & mighty pri
ce our ſouerayne lorde kyng
Henry the eight/ kyng
of Englande & of
Frau͂ce/ defe͂-
ſor of the
faith/
and lorde of Irla͂de: made anſwere
vnto a certayne letter of Mar-
tyn Luther/ ſente vnto him
by the ſame/ and alſo the
copy of the foreſaid
Luthers letter/
in ſuch or-
der/ as
here after foloweth.

¶ Fyꝛſt a pꝛeface of our ſoueraygne loꝛde the kynge/ vnto all his faithfull and enterely beloued ſubiectes.

¶ Copye of the letter/ whiche Martyne Luther had ſent/ vnto our ſayd ſoueraygne loꝛde the kyng.

¶ The copye of the anſwere of our ſayd ſouerayne loꝛde/ vnto the ſame letter of Martyn Luther.

¶ Henry the eight by the gra-
ce of god/kyng of Englande &
of Frãce/ defẽſor of the faith/
and lorde of Irlande: vnto all
his faythfull and welbeloued
ſubiectes/gretyng.

IT hath ſemed to vs
alwayes/ our entierly be
loued people / that lyke-
wiſe / as it apperteyneth
to the offyce and eſtate of
a kyng / dilygently to procure the tẽ-
porall welth / and commodyte of his
ſubiectes: So dothe it of dewtie /
more eſpecially belonge to the parte
and offyce of a chriſten kynge / ouer
and beſydes/ his labour/ payne/ and
traueyle / beſtowed vpon the prouy-
ſyon of worldly welth and quyete for
his people: farre yet more feruently

to labour/trauayle and studye/by all
the meanes and wayes to hym possi-
ble / howe he maye surely kepe/ esta-
blysshe and cōfyrme/and spyritually
set forthe and forther/the hertes and
myndes of his subiectes/in the right
relygion of god/and trewe faythe of
Christ/by whose highe prouydence &
especiall bounte/ they were for ye pur
pose / chefely cōmytted vnto his go-
uernaunce. For albeit so/that our sa-
uyour Christ hath in his ecclesyasti-
call hierarchy moost ordinately set &
prouyded/and apoynted the spyritu-
all fathers and curates/ most especi-
ally to solycite/ procure / and haue in
charge/those thyngꝫ that apperteyne
by faithe or other spyrituall vertues/
to the weale and saluation of his cho
sen chyldrē/whiche ben christen men:
yet is there no man but he well wot-
teth/ that the temporall princes/ con-
curryng

curryng with them and setting their
handes therto/and ouerseyng and or
derynge them to execute the charge/
whiche god hath elect them to/ euery
prince in his owne realme/the mater
shall bothe moche better ⁊ moche fa-
ster come forwarde. The profe wher
of/ hath euydently appered in tymes
past / for soone after the begynnynge
of Christes churche / the conuersyon
of kynges to the faithe/breuely tour-
ned all their realmes with thē: And
where the opposyte was vsed / there
neither grace/vertue/nor other gode
worke coude florisshe or encrese/ but
alwayes where lacked faythe/ there
raigned heresies/sēsualyte/voluptie
inobedyence/rebellyon/ no recogny-
tion of superiour/confusyon/and to-
tall ruyne in the ende. Whiche thyn-
ges / by the great wysedome of oure
noble progenitours well parceyued/

they haue of their vertuous mynde
and princely corage / as well by the
makyng of good and ſharpe lawes/
requiſite for yͤ entent/as by due execu
tyon of the ſame/nat without the put
tyng of their owne bodies/ſomtyme
in the auenture of bataile/done their
effectuall deuoyre to withſtande and
repreſſe from tyme to tyme/ the perni
cious errours and hereſyes/ that els
had of lykelyhode / as well by Wyc-
clyffe/ as other abhomynable hereti-
kes/ ben depely roted in this realme.
And ſurely we for our parte nothing
ſo moche deſyre / as the fortheraunce
of you our welbeloued people/in the
honour and ſeruyce of almighty god
and nat onely to folowe and enſue yͤ
frutefull examples of our noble pro-
genytours/but alſo to putte our ſelfe
in deuoyre in that poynt (if we may)
to paſſe them/eſpecially ſyth there ne
uer

uer was in any of their tymes/ſo mo
che nede therto/as to our great grefe
diſpleaſure and heuyneſſe/it is now.
Foꝛ we doute nat/but it is well kno-
wen to you all/that Martyn Luther
late a frere Auguſtyne/ aud now ron
out ī Apoſtaſy and wedded/ hath nat
oncly ſcraped out of the aſſhen/ and
kyndeled agayne/ almoſt all the em-
bꝛes of thoſe olde errours and here-
ſyes/ that euer heretyke helde ſythe
Chꝛiſt was boꝛne hytherto: but hath
alſo added ſome ſo poyſoned pointes
of his owne/ ſo wꝛetched/ ſo vyle/ ſo
deteſtable/ pꝛouokynge men to myſ-
chefe/ encoꝛagyng the woꝛlde to ſyn/
pꝛeachyng an vnſaciat lyberte/to al-
lecte them with all/ and finally/ ſo
farre againſt all honeſty/vertue and
reaſon/that neuer was there erſt any
heretyke ſo farre voyde of all grace
and wyt/ that durſt foꝛ ſhame ſpeke

 them.

them. We therfore seyng these here-
sies sprede abrode/ and inwardly so-
rowynge so many christen soules to
ron to ruyne/ as hath done ī other re-
gions/ by the occasyon of suche pesty
lent errours/ entendyng for our ꝑte/
somwhat to set hande therto/ wrote
after our meane lernyng/ a lytell tre-
tyse/ for the assertyon and probatyon
of the holy sacramentes: In whiche
we reproued/ and as we trust suffici-
ently refuted and conuinced the most
parte of the detestable heresies of the
sayde Luther/ contayned in his ab-
homynable boke/ entytuled De Babi
lonica Captiuitate. For angre and
furye wherof/ vpon two yeres after/
Luther wrote and sent oute agaynst
vs a boke/ nothyng answeryng to yͤ
mater/ but all reason sette asyde/ stuf-
fed vp his booke with onely furious
raylyng/ whiche his boke we regar-
dyng

dynge/as it was worthy/cotempned and nat wolde vouche safe any thing to reply / reputyng our selfe in Christes cause / nat to good with a ryght meane man to reason or cõtrary / but nothing metely frutelesse with a lende Frere to rayle. So came it than to passe/that Luther at laste/parceyuyng wyse men to espye hym/ lerned men to leaue hym / good men to abhorre hym / and his frantyke fauourers to fall to wracke/ the nobles and honest people in Almaygne / beynge taught by the profe of his vngratyous practyse/ moche more hurt & myschefe to folowe therof/than euer they loked after/deuysed a lett to vs written/to abuse them and all other natyons/in suche wyse/ as ye by the cõtentes therof/ herafter shal well perceyue. In whiche he fayneth hym selfe to be enformed/ that we be tourned to the

A.v. fauour

fauour of his secte. And with many flateryng wordes/ he laboreth to haue vs content that he myght be bolde to write to vs in the mater/ and cause of the gospell: And thervpon without answere had from vs/ nat onely publysshed the same letter and put it in print/ of purpose that his adherentes shulde be the bolder vnder yͤ shadowe of our fauour/ but also fell in deuyce with one or two leude ꝑsons/ borne in this our realme/ for the translatyng of the Newe testament in to Englysshe/ as well with many corruptiōs of that holy text/ as certayne prefaces/ and other pestylent gloses in the margentes/ for the aduauncement and settyng forthe of his abhomynable heresyes/ entendynge to abuse the gode myndes and deuotion/ that you oure derely beloued people beare/ towarde the holy scrypture/ ⁊ to enfect

to enfect you with the deedly corrup-
tion and contagious odour of his pe
ſtylent errours. In the aduoydynge
wherof/we of our eſpeciall tēdre ȝele
towardes you/haue with the delibe-
rate aduyſe of the moſt reuerende fa-
ther in god / Thomas lorde Cardy-
nall/legate de Latere of the ſee Apo-
ſtolyke/ Archebyſſhop of yorke/ pri-
mate and our Chauncellour of this
realme/ and other reuerende fathers
of the ſpyritualtye / determyned the
ſayde corrupte and vntrue tranſlaty-
ons to be brēned / with further ſhar-
pe correction ⁊ punyſſhment againſt
the kepars and reders of ẏ ſame / re-
kenyng of your wiſdomes very ſure
that ye wyll well and thankfully par
ceyue our tendre and louyng mynde
towarde you therin/ and that ye will
neuer be ſo gredy vppon any ſwete
wyne/ be the grape neuer ſo pleſaūt/
that ye

that ye wyll deſyre to taſte it / beyng
well aduertiſed ẏ your enemy before
hath poyſoned it. Ouer this / where
as we before had entended / to leaue
Luther to his leudneſſe / without a-
ny further wrytynge: yet for the fru-
ſtratyng and aduoydyng of his ma-
lycious fraude / wherby he entendeth
to abuſe the worlde / with a falſe opy-
nion of our fauour towarde him / we
letted nat efte ſones / to write hym an
anſwere / of his more ſubtyle / than
eyther true or wyſe wrytynge. After
whiche letter written and ſente hym /
ſithe we parceyued and conſidred far
ther / that he had by ſōdrie falſe inuen
tions / laboured to ſowe ſome of his
venomous ſeed amonges you / oure
welbeloued people / and hath beſy-
des that / ſought the meanes to make
you beleue that he were vntruely ſpo
ken and written of / and that he is nat

maryed

maryed / nor that he dothe nat wryte
or teche suche execrable heresyes / as
men reporte y he dothe / whiche hym
selfe knoweth to be of suche a sort / as
your good christen eares wolde ab-
horre to here: And for yͭ cause / wolde
for a begynnyng / tyll he myght entre
in farther credence and fauour amon
ges you / bring you in the mynde / by
the mouthes of some that sette forthe
his maters / that he were neyther su-
che man as he is made / nor saith such
thynges / as men saith he dothe.

¶ We therfore our welbeloued peo-
ple / nat wyllyng you by such subtyll
meanes / to be disceyued or seduced /
haue of our especiall fauour toward
you / translated for you / & gyuen out
vnto you / as well his said letter writ
ten to vs / as our answere also / made
vnto the same: By the sight wherof /
ye may partely parceyue bothe what
the

the man is in hym selfe / and of what sorte is his doctryne: whiche two thinges / if ye well pondre / ye shall soone understande his doctryne so abhominable / ỷ it must nedes make the man odious / and shewe hym to be naught were his lyueng in apparence neuer so good / and the man him selfe of his lyueng so openly naught & vycious / that his open vyces and boldely bosted wretchednesse / must nedes make his doctryne suspected: And though it bare as fayre a visage of holynesse / as it nowe beareth a shameles open face / of bolde presumption in synne / farre ouer large / and in myschefe to great and wyde sprede / for the good vysar of Euaungelyke lyberte to couer it / but nat / as he wolde that you shulde understande it: Whiche thynges by your wysedomes / our welbeloued people ones parceyued / as in this

this lytell worke I verily truste ye
shall/ I dout nat but your goodnesse
shall with goddes grace/ take suche
frute therby/ as shalbe to the confort
of youre soules / to the reioyse of all
good men/ to the lette of his mysche-
uous purpose/ and to youre eternall
ioye here after: And if you do (as I
trust verily ye wyll) nat descãt vpon
scrypture/ nor truste to moche youre
owne commentes and interpretaty-
ons/ but in euery doute that shall in-
sourge/ lerne the truthe and enclyne
to the same/ by the aduice of your pa-
storall fathers of yͤ soule/ it shall nat
onely encorage well lerned mẽ to set
forthe and translate in to our mother
tonge/ many good thynges and ver-
tuous/ whiche for feare of wrong ta-
kynge/ they dare nat yet do: but also
that ye/ by the good vse therof/ shall
take moche good and great spiritu-

all pro-

all pꝛofyte / whiche thyng in you par-
ceyued / ſhall gyue occaſyon that ſu-
che holy thynges/ as yuell diſpoſed ꝑ-
ſons by falſe and erronyous tranſla-
tion coꝛrupted / delyuer you to your
immynent paryll ⁊ diſtruction / gode
men and well lerned may be parcaſe
in tyme cõmynge the bolder/ truely ⁊
faythfully tranſlated / ſubſtancyally
viewed and coꝛrected / by ſuffycient
authoꝛite to putte in your handes/ to
your inwarde ſolace and goſtly com-
foꝛte/ to the full extyꝛpation of all ſe-
ditious errours/ encreaſe of your de-
uotion and charitable faithe to god/
eſtablyſſhment of goddes grace / and
fauour towardes you/ ⁊ therby good
woꝛkes with your dilygent endeuer
moꝛe plentuouſly ſpꝛingyng in you/
your ſynnes remyſed ⁊ foꝛgyuen you
by his mercy: ye ſhall nat onely in he-
uyn attayne thoſe ineſtimable rewar-

des

des / ỷ your merytes can nat of their own nature/ but of his lyberall good nesse/ with vertue of his passyon de-serue/ but also by your good prayers and intercessyõs/ lyueng vertuously in the lawes of god/ and this realme cause soner vnyuersall peace in chri-stendome/ to ensue & folowe: whiche thyng in erthe shulde be most desired of all true christẽ men next after heuẽ/ to which place of ioy our lorde sende me with you/ where I had leuer to be your seruaũt/ than here your kyng.
Valete.

¶ The letter of Martyn Luther.

¶ Unto the most mighty and noble price/ lorde Henry the.viii.kyng of Englande & of Fraunce/ his most benigne lorde.

Grace

GRace ⁊ peace in Chryste Jesu/
our lorde and sauyour. Amen.
Nat withstãdyng most noble kyng/
⁊ excellent prince/ yͭ J ought of reason
to be afrayde / tattẽpt your highnesse
with lettẽs/ whiche am well knowing
vnto my self/ yͭ your highnes is most
greuously displeased with my boke/
which J nat of myn own corage/ but
by the instygation of them that dyde
nat well fauoure your highnesse/ fo-
lisshely ⁊ hastely set forthe: neuerthe
lesse / J haue good conforte ⁊ stoma-
ke to write/nat onely bycause of that
your kingly clemẽcy/ whiche is day-
lye so moche tolde of vnto me/ bothe
by wordes ⁊ writyng / of very many
men/ that seing you be your selfe mor
tall/ J can nat thinke you wyll beare
enemyte immortall: but also for as
moche as J haue by credyble ꝑsones
ben enformed / that yͤ boke made out
against

agaynst me in the name of your high
nesse/ is nat the kynges of Englande
as crafty Sophisters wolde it shuld
seme: whiche/ whan they abused the
name of your highnesse/ cōsydred nat
in what peryll they put them selues/
by the sclaundring of a kyng/ and es-
pecially aboue other/ that monster &
cōmen hate of god and men/ the car-
Cardynall of yorke/ that pestylence
of your realm: Wherfore/ I am now
so sore ashamed/ that it yrketh and a
basheth me to lyfte vp myne eyen a-
fore your highnesse/ whiche haue suf
fred my selfe to be with suche lyght-
nesse moued agaynst suche & so great
a kynge by those workes of wycked-
nesse/ namely being my self but dreg-
ges and a worme/ whiche had ought
onely by contempte/ to haue been ey-
ther ouercomyn or let alone: Also an
other thyng is/ whiche seriously cau
sed

sed me beyng neuer so vyle/ yet for to
write/bycause your highnesse begyn
neth to fauour the gospell/ and were
nat a lytell wery of that sorte of vn-
gratious folkes. Verily that was
gospell in dede/that is to say/gladde
tidynges vnto my hert: Wherfore I
prostrate my selfe with these letters/
vnto the fete of your highnesse/as hũ
bly as I can deuyce/ and beseche for
the crosse and honour of Christ/ that
your highnesse wolde vouche safe to
enclyne some thyng/and pardon me/
in whatsoeuer I haue offended your
highnesse/lyke as Christ prayed and
cõmaunded vs also/one to forgyue a
nother his dettꝭ: Moreouer/ if your
highnesse thynke it nat to be refused/
that I make out another booke/ and
therin vnsay my former writynge/ ⁊
nowe on the contrary syde/ honoure
the name of your highnesse/please it

your

your maiestie to gyue me some myl-
de token/ & there shalbe no taryenge
in me/ but I shall do it most gladly/
for though I be a man of no reputa-
tion/ in cõparison of your highnesse:
yet myght we trust that no small fru
te shuld growe vnto the gospell and
the glorie of god herby / if I myght
haue lyberte to write in the cause of
the gospell/ vnto the kyng of Englã
de. In the meane season our lorde en
eucrease your hyghnesse / as he hath
begon / that you may with full spy-
rite / bothe obey and fauour the gos-
pell: and he suffre nat your regall ea-
res and mynde to be holden with the
mischeuous voyces of those mermay
des that can nothyng/ but crye yͭ Lu-
ther is an heritykе : and it maye lyke
yoʳ highnesse to cõsyder what harme
can I teche/ that teacheth none other
thynge/ but that we must be saued by
the

the faythe of Jeſu Chryſte / ſonne of
god: whiche for vs ſuffred / and was
rayſed agayne / as witneſſeth the goſ
pell and the epyſtols of the apoſtels /
for this is the heed and foūdatyon of
my doctryne: vpon whiche aftwarde
I buylde and teche charyte to warde
our neyghbour / obedyence vnto the
heedes and rulers of countrees / and
finally to crucifye the body of ſynne /
lyke as the doctrine of Chriſt cōmaū
deth: What yll is in theſe chapters of
doctryne? yet let the mater be loked
vpon / let it haue hearyng and iuge-
ment fyrſt: Why am I condempned /
neyther herde ne conuycte? Further-
more / where I rebuke the abuſion of
popes / whiche teche other than theſe
foreſayd chapiters / and nat onely o-
ther / but alſo clene contrary / and in
the meane tyme leanynge them ſelfe
vpon pōpe / money their belyes / ye / &
kyng-

kyngdomes/ princypalytees/ ⁊ euery
mannes rychesse / dothe nat the very
cōmen people parceyue this ⁊ dāpne
it / and their owne selues be cōstray-
ned to confesse it? Why do they nat a-
mende them selues and teche well/ if
they wyll be without hate ⁊ blame?
Also your noble maiesty seeth/ howe
great princes in Almayne fauoureth
my partie/ and thāked be god/ wolde
I shulde nat be condempned / vnto
whose company and nombre/ I pray
Christ he adde ⁊ adioyne your high-
nesse/ and seperate you from those ty
rannes of soules. Nowe/ what won
der is it/ though Cesar and certayne
princes be sore agaynst me? Dothe
nat natyons murmure agaynst oure
lorde and his Christ? As the seconde
psalme saith people study/ kynges of
the erthe cōspyre/ and princes come
togyder/ in so moche/ ẏ it is more to
be mar

be marueyled at/if any price or kyng fauour ẏ gospell / and I desyre with all my hert inwardly / that I may ones haue cause to reioyce & make con gratulatyon of this myracle in your highnesse / and I pray god / by whose fauour and assistẽce I write this letter / that he so worke with my wordꝫ / that the kynge of Englande may be made shortly / the perfyte discyple of Christ and professour of the gospell / and finally / most benigne lorde unto Luther. Amen. Some answere / if it may lyke your highnesse I loke after / mylde and benigne: At Wyttemburch / the fyrste day of Septembre / the yere of our lorde / a. M. D. xxv.

Most humble subiecte unto your regall maiesty / Martyn Luther / his owne hãde.

The an-

¶ The anſwere of the moſt
mighty ⁊ noble prīce kyng Hē
ry the. viii. kyng of Englāde ⁊
of Frаūce/ defēſor of the fayth
and lorde of Irelāde/ vnto the
letters of Martyn Luther.

Your letters wryt-
ten the fyrſt day of Sep
tembre / we haue recey-
ued the. xx. day of Mar-
che: In whiche ye write
your ſelfe/to be ſorie and aſhamed /
that ye folyly ⁊ haſtely/ nat of your
owne mynde : but by the inſtyga-
tion of other / ſuche as lytell fauou-
red me/dyd put out your boke agaiſt
me/with whiche ye knowe your ſelfe
that ye haue ſore offended me/ And
therfore haue cauſe to be i drede and

shame to write vnto me. Nat with-
standyng/ye saye that ye be the more
bolde nowe to write vnto me/nat on-
ly bycause ye parceyue my benignite
suche / that cōsydring my selfe a man
mortall/ I wyll nat beare immortall
enmyte: but also for as moche/as ye
by credible enformation/ vnderstāde
that the boke put forthe in my name/
for the assertyon of the Sacramētes
was nat myn own/ but fraudulently
deuised by false Sophisters/to myn
ignominy and rebuke/and specially
by the Cardynall of yorke/ whom ye
call a monster/odious to god & man/
and the pestylēce of my realme: And
therfore ye say/that ye be nowe asha-
med to lyfte vp your eyen to me/that
haue of lightnes so suffred your self
to be moued agaynst suche a kynge/
whiche natwithstādynge/ye write ỹ
ye be forced and compelled ernestly

to write

to write vnto me / bycauſe yͭ J haue
nowe begon to beare fauoure to the
goſpell / whiche is (as ye ſaye) ioy-
full tidynges to your herte / wherin
ye beſeche god to encreſe me / that J
may with hole hert obey and fauour
the goſpell : And yͭ he ſuffre nat myn
eares to be occupyed with the peſty-
lent voyces of thoſe Serenis / which
can nothyng els do / but crye out that
Luther is an heretyke.

¶ ye write alſo / yͭ ye wolde J ſhulde
conſyder / that there can be no harme
in your doctryne / ſyth ye teche (as ye
ſay) nothing els / but onely that man
muſt nedes be ſaued / in the faythe of
Jeſu Chriſt: And yͭ vpon this foũda-
tion / ye bylde charite to your neygh-
bours and obeydience to your gouer-
nours / with the crucifyeng of yͤ body
of ſynne: And in theſe ye deſyre to be

herde / moche maruelyng that ye be
condempned vnherde and vncõuyct:
Than after your accustomed maner/
ye rayle vpon the churche of Rome:
bostyng ỹ many princes of Almayne
take your parte / ⁊ that it is no mar=
ueyle/ though the Emperour ⁊ some
other prĩces and people pursue you/
but rather were it wondre that any
wolde holde with you/for asmoch as
alwaye princes and people be (as ye
say) enemyes to Christ: wysshinge/
that ye myght ones se that myracle/
that by god workig with your good
wordes/ J might be fully tourned to
be one of those that might fauour the
gospell/ and be a fauourer of yours:
Requyring and besechyng me in dy=
uers partes of your letter to pardon
you/that ye haue offẽded me by your
boke/and offrynge your selfe/if it so
stãde with my pleasure/ that ye wyll
wryte

wrꝛite & put out another booke to my
prayſe / recantyng and reuokyng all
ſuche wordes / as ye haue in your o-
ther boke written to the contrary / af-
fyrming alſo / that no litell frute were
lyke to growe therof / if ye might ha-
ue leaue / at liberte to write to yͤ king
of Englande / cõcernyng the goſpell
of god. ¶ Theſe be Luther all thyn-
ges / whiche were in your letter con-
tayned: In whiche / as we right well
ꝑceyue your couert fraudulent pur-
poſe / ſo ſhall we on the otherſyde / af-
ter our accuſtomed playnneſſe (leſte
your crafty wayes might abuſe gode
ſymple folke) to euery poynt gyue
you trewe and open anſwere.

¶ Where ye write / ye be aſhamed of
your boke written agaynſt me / I am
nat very ſure / whyder ye ſaye trewe
therin: but of one thynge I am very
ſure/

sure/ that ye haue good cause to be a-
shamed/nat onely of that booke/ but
also of a great meyny mo than that/
they beyng suche as they be:nothyng
els cōtaynyng/but errours and here-
syes /neyther by reason nor lernynge
proued/ but onely by shamelesse bold
nesse affyrmed: Alowyng your selfe/
to be as good or better authour/than
any afore your tyme hath ben / or be
nowe. And as touchyng your boke
written agaynst me/ who so solycited
or prouoked you to put that forth/ra-
ther semed to haue bē your yuell wyl
ler/than myne/your boke being such
as the maker coude therof haue but
rebuke/ and myn therby be moche ho
noured: Against which boke of myn
your boke declared/ yͭ ye coude fynde
no wyse worde to write/ nor alledge
authour of substaūce agaynst it/ whi
che thynge is ynough (as I thynke)
for

foꝛ the reders oꝛ hearers/ to dyſcuſſe/
whiche of vs is in the righter faithe:
And although ye fayne your ſelfe to
thynke my boke nat myne owne/ but
to my rebuke (as it lyketh you to af=
fyꝛme) put out by ſubtell ſophiſters:
yet it is well knowen foꝛ myn/ and I
foꝛ myne auowe it: and as foꝛ the re=
buke/though ye diſſimule it/yet may
all the woꝛlde well ꝑceyue/how mo=
che it fretteth your ſtomake: that nat
onely my woꝛke/ hathe ſo highly to
myne honour ben appꝛoued of many
wyſe and good men/ but ſpecially of
that holy ſee Apoſtolyke alſo/of whõ
ſaynt Hierome rekened it ſuffycient/
that his faith were appꝛoued/ in whi
che neuertheleſſe/ if any good thyng
be/ I do aſcrybe it to hym / of whom
all goodneſſe cometh/and nat to me:
Howe beit/this delyteth me nat a ly=
tell/ that as ſymple as my boke was
(foꝛ

(for I knowe well inough myn own
imbecillyte) yet so moche more feble
was your cause/that my boke for so
farre as it touched (that is to wytte/
the Sacramentes of Christes chur-
che) nat onely clene wyped away/all
that euer ye had blasphemusly writ-
ten agaynst them before: but also/all
that euer sythens ye ꝑniciously haue
written agaynst thē/and droue you
to the writyng of that furious boke/
by whiche all the worlde well ꝑcey-
ued/that ye were for angre fallen (as
who sayth) in a very fransy: In whi-
che boke/all wytte/lernyng/and ho-
nesty forgotten: ye nothynge alledge
but mere scurrilyte/furious babling
braulyng/and conuytious raylyng:
Where as I refelled your erronyous
opinyons (nat without charyte and
labour of your amēdement) by effe-
ctuall reason and euydent scrypture:
nat

nat interpreted after myne owne fan
tasye (as ye do by yours) but by the
olde holy fathers of Christꝫ churche/
nat medlig therin/ with any of those
whom ye call Sophysters/ which be
men in dede/ good/ vertuous/ & con-
nyng: Whom ye therfore call Sophi
sters/ bycause that euery substātyall
reason/ by which they confoūde your
foly/ ye wolde were enfamed / vnder
the name of Sophistry.

¶ And where as your pestilent tong
is so leude/ to rayle vpon the most re-
uerende father in god/ the lorde Le-
gate/ Cardynall of yorke/ oure chefe
counsailour & Chaūceller/ it greueth
hym lytell (I wot well) to be rayled
vpon / with ỹ blasphemous tōg/ that
rayleth and rageth agaynst Christes
hole churche/ his saintꝫ/ his apostles/
his holy mother/ and hym selfe/ as it

euy-

euidently (as well by many partes
of your peſtylent bokes/as by the fu-
rious actȝ of your faction) appereth:
And his fatherhode nowe is ⁊ ſhalbe
ſo moche in moꝛe coꝛdyall fauoure
with me/ In how moche I parceyue
hym to be the depar in the hatered of
you/ oꝛ other ſuche as ye be: Whome
where ye call/the peſtilence of my re-
alme/ I purpoſe to gyue you no rek-
nynge / what manyfolde good frute
my realme ⁊ I receyue by his fayth-
full dilygence/ labour/ traueyle and
wyſedome: Howbeit/all other thyn-
ges ſet a parte/ it well appereth/that
his fatherhode is in this one poynt/
to my realme very gode and holſome
in that he confoꝛmable to my mynde
and accoꝛdyng to my cõmaũdement/
ſtudiouſly pourgeth my realm from
the peſtylent contagion of your facti
ous hereſyes: With whiche among/
there

there entreth some in to my Realme right sicke/ out of such placꝭ as your unholsome brethe hath enfected/ whõ as they haue be founden/ we haue by the holsome and good dilygẽce of the sayd most reuerende father/ nat only kept of from thenfecting of our own people/ but haue also with right charitable handelyng/ holpen and cured them: For as for our owne subiectes we trust in goddes help/ haue & shall haue/ lytell faythe in your erronious opinyõs/ what soeuer hope ye be put in/ eyther by other wayes/ or by one or two Freres apostataes/ ron out of our realme/ raignyng in riote & unthriftye lyberte with you/ of whome we reken our Realme so well rydde/ that if there were any mo suche here (as we truste there be nat many) we wolde ye had them to.

¶ It is

¶ It is a gladde tidynges to youre hert/ ye say/ that I nowe haue begon to beare fauoure to the Gospell/ as though I had neuer fauoured ỷ gospell before: Howbeit ỷ I haue nat so late (as ye make for) begon to loue & reuerently rede the Gospell/ though ye lyste to dissymule it: yet/ ye ryght well ꝑceyue/ by that I haue all redy by the playne gospell disproued euydētly/ some of your pernitious heresies/ wherby ye well fynde/ that this is nat the fyrst tyme that I haue entermedled me with the said gospels/ Wherfore wete ye well/ the Gospell longe hath ben/ and euer shalbe/ my chefe study: as the doctryne most holsome to euery man that wyll/ in ỷ studye therof/ vse a way contrary to that that ye do: Whiche in the interpretation therof/ vse to folowe your owne fantasticall inuētion/ agaynst all the

worlde

worlde besyde / contrary to the coun-
sayle of the wyse man/that sayth:
Sonne / leane nat vnto thyne owne wyt/ nor take nat thy selfe for a wyse man : But as for me/ I well knowe and knowledge/that I am vnable of my selfe to the vnderstãdyng therof/ and therfore callyng for goddȝ helpe/ most humbly submitte my selfe to the determynation of Christes churche/ and interpretations of the olde holy fathers/ whom his goodnesse plentu-ously lightned with lernyng/ illumi-ned with grace/ furnisshed with faith garnysshed with good workes / and finally / with many myracles decla-red their faithe and lyuenge to lyke hym: Where ye on the contrary syde/ settig all these olde sayntȝ at nought/ and villanously blasphemynge their memories/ procuring the detractyon of their honour/ lest the reuerẽce and

Fili ne ini tarís prudentię tuę et ne sapiens uideri uelis in oculis tuis.

esty-

estymation of their holy lyues shuld
stande in your light/admitte no mã-
nes wyt but your own (whiche onely
you admytte in all thing) and defen-
dyng a manyfest foly for wysedome/
an open false heresy for a truthe/haue
nothynge els to stande by/ but onely
crye out that the scripture is euydent
for your parte: and that all that euer
toke it otherwyse/ were but fooles:
Were they neuer so many/ neuer so
wyse/ neuer so well lerned/ neuer so
holy: And whan ye haue thus well &
worshipfully quitte your selfe in wor-
des/ than instigate and sette out rude
rebellyous people/ vnder pretext of
Euangelicall lyberte/ to ron out and
fyght for your faction.

¶ If any man had so lytell wytte to
dout/ which of these two ways were
the better/ yours nowe newe begon/
or the

or the faythe of the olde fathers: our
Sauyour putteth vs out of doubte/
where he saythe: By their frutes ye
shall knowe them: For of thē no man
douteth/but they were good men &
of holy lyueng/ seruynge god/in fa-
styng/prayer/ and chastyte: And all
their wrytynge full of charite/ and of
you/men dout as lytell/whan they se
that all your doyng began of enuy &
presumption/procedeth with rācour
and malyce/blowen forth with pride
and vaynglorie/ & endeth in lechery:
And therfore/cloke ye neuer so moch
your doctryne / vnder the pretexte of
euangelycall lyberte: nat withstan-
dyng/ that I knowe howe sklendre
myne owne lernyng is/ yet is it nat
so sklendre/ that ye can make me be-
leue that ye meane well/ whan ye spe
ke fast of ẏ spirite/and fall all to the
flesshe: Whan ye make/ as ye wolde
exhort

Ex fructi-
bus eorum
cognosce-
tis eos.

exhort all the worlde to lyue after the gospell/ and than exhorte mē fro chastite/ to which the gospell effectually counsayleth: and forsake your selfe/ your vowed chastyte/ promysed and dedycate to god/ to the kepynge and obseruaunce wherof/ all holy scripture byndeth you.

¶ ye write that ye be ashamed to lift vp your eyen to me/ for that ye shulde of lightnesse suffre your selfe to be so sore moued by thynstigation of yuell folke to write such a boke agaist me: But I moche marueile in good faith that ye be nat i ernest ashamed to lyft vp your eyes and loke/ eyther vpon god or good man/ that haue suffered your selfe by the deuyls instigation/ to fall in that lyghtnesse of wyt/ that for the folly of your flesshe/ ye beyng a Frere haue taken a Nonne: ⁊ nat

onely

onely vyolate her (whiche if ye had
done among the olde Romayns that
were paynyms/ she shulde haue been
buried quicke/ and ye beaten to deth)
but also which moche worse is/ haue
opẽly maried her/ & by that menes o-
penly abuse her in synne/ with yͤ won-
der of the worlde and abhomynable
contempte/ as well of the sacrament
of Matrimonye/ as of youre bothe
vowes of chastite. And that worst is
of all/ where ye shulde be ashamed &
sorie for this heynous dedes/ in stede
of repentaunce ye take therin pride/
and so farre be fro the desyre of for-
gyuenesse of your own synne/ that ye
by your bokes/ exhorte other vnthrif-
tes therto.

¶ And in this doynge/ it is no mar-
ueyle/ though ye wolde that men had
no reuerence to the olde holy fathers.

¶ For

For who so beleue yͭ they were good/ must nedes parceyue yͭ ye be nought which bothe teache and do so manyfestly the contrary of their dedes and doctryne. For who can lyke a freres maryage/ if he sette ought by saynt Hierome: for to thē that hath vowed chastite/saith this holy man/ it is dānable/ nat only to wedde in dede/but also to wyll or wysshe it. Rede well his Epystell wrytten to the Nonne yͭ was gotten with chylde/ & his other to the Deacon that dyde that synfull dede: And therin/ & in other lyke letters and holy wrytyng of olde holy fathers/lerne to repent your owne fautes/rather than in makyng bokes for the defence of your vnexcusable syn/ to drawe by your yuell example & vn gratyous counsayle/ more wretched company with you to the deuyll.

Vouentibus nō solum nubere/ sed etiā velle damnabile est.

¶ ye that

¶ ye that so moche bost your selfe of holy scripture/ I marueyle ye can set so lytell by your vowe/ whan ye rede therin this holy sayeng: If thou haue any thynge vowed to god / delay nat the performyng therof: for an vnfaithfull promyse displeaseth god. Rede ye nat also there these wordes: To your lorde god make ye vowes/ and fulfyll thẽ. What say ye by these wordꝭ/ whan thou hast made a vowe to thy lorde god/ come of and ꝑforme it: For thy lorde god will haue a reknyng therof. And if thou dye/ it wyll be layde to thy charge for a syn. But ye reken I trowe / holy vowes of fastynge and chastyte/ seruyle cerymonies of Moyses lawe / for your writyng and lyueng/ semeth to reken the Euaungelycall lybertie of the newe lawe/ to stãde in lyueng after liking: but the prophete Isaye sayde/ that in

Si qd vouisti deo ne moreris reddere displicet enim deo infidelis promissio.

Vouete & reddite / dño deo vestro.

Quum votum voueris dño deo tuo non tardabis reddere: quia requiret illud dñs deꝰ tuus et si mortuus fueris reputabitur etiã tibi in peccatum.

In die illa uota uouebūt domio et soluent

that tyme (meaning ẏ tyme of Chri-stes lawe) they shall vowe vowes to our lorde and performe thē/ shewing that vowes shulde haue in Christes lawe more strength/ & be better kept/ than in the olde lawe: Wherof god shewed example/ whan he toke ven-geaunce vpon Ananias and his wife for that they had broken their vowe to god/ i kepyng a syde some of their owne money/ Wherupon holy saynt Gregorie/ as though he myght seme to speke to your lēman and you (for weddig was it none ẏ ye were wed-ded with) saithe in this wyse.

Ananias deo pecunias vo-uerat / quas post victus p suasione dia-boli subtraxit. Sed qua mor te mulctat9 est scis. Si ergo ille mortis pe

Ananyas vowed money to god/ whi-che he afterwarde ouercomen by the deuylles enticement withdrewe/ but what dethe he was punysshed with thou knowest. Than/ if he was wor-thy dethe/ that toke away fro god a-gayn/ that money that he gaue hym:

Consy-

Consydre/howe great peryll in god
des iugement thou shalt be worthy/
whiche hast taken frō almighty god/
nat money/but thyn owne selfe/whō
thou gauest vnto hym/whan thou to
kest the habyte of a mōke. What say
ye Luther? What sayth your leude
lēman to this? If ye knowleged yoʳ
synne for synne: If ye were for your
synne sorie/though ye fyll by fraylte
yet were there hope of amendement/
as was in Mary Magdalene/Da-
uyd/and many other: but now what
hope is there of you/if ye persyst in
the defence of your faut/with ẏ bo-
styng of your leudnesse/whan ye call
your vyce vertue/and the ṽtue vyce/
Fall ye nat in this doing/depe in the
maledictyon/that Isaye spake of/
whan he said: Wo may ye be that call
good yuell/and yuell good/puttyng
darknesse to be lyght/and light to be
darknesse/

riculo dignus fuit/qui eos quos dederat nummos deo abstulit. Con sidera quanto periculo ī di- uīo iudicio di gnus eris qui non nummos sed temetip̄m deo oīpotenti cui te sub mo nachali habi tu donaueras subtraxisti.

Ve qui dicit; bonum malū/ & malū bonū/ ponētes tene bras lucem/et lucē tenebras amarū indulce/ et dulce in amarum.

darknesse/bytter for swete/ & swete for bitter. Now/ whan ye regard all these scriptures nothynge / whan ye wrest them to your unresonable appetyte/ whan ye contempne the interpretations of holy fathers therupon/ whan ye set at nought their holsome doctryne / confermed by their vertuous lyueng: and against all these/set your owne sensualyte/and with brutall reasōs/ rayle agaynst all vowes (so manifest and heynous an heresy/ that there neyther hath been herde a greatter or a more open) yet ye pray god that he suffre nat myne eares to be occupyed with the pestylent voyce of those Serenys / whiche can nothynge els / but crye out that Luther is an heretyke. Where as I knowe in this behalfe no greatter Serene/ than your owne workes/ whiche almost crye nothyng els in myn eares/ than

than that Luther is an heretyke: se
farforthe / that I moche marueyle /
howe ye maye for shame saye to me /
that ye teache no thyng / but that the
saluation of man muste nedes a ryse
by the faithe of Iesu Christ / the son
of god / that for vs suffred his passion
and rose agayne / and that vpon this
foundation / ye buylde and teche cha-
ryte towarde oure neyghbours / and
obedyence towarde the rulers / ⁊ the
crucifyeng of the body of synne.

¶ Wolde god Luther / yͭ these wordꝭ
of yours were as trewe / as I knowe
them for contrary: For what charite
bylde you vpon fayth / whan ye teche
that faythe alone without good wor-
kes suffyseth: For albeit that in your
boke made agaynst me / waxinge for
shame halfe wery to here therof: ye
layde to my charge / that I dyd ther-

in mysse

in myſſe reporte you/ yet dyde ye nat
onely make none erthly anſwere to
your owne wordes/ whiche I layde
to your chargo/ openly prouynge in
you/ that detsſtable hereſy: but alſo
ſayd the ſame agayne in the ſelfe bo-
ke/ In whiche ye pretende your ſelfe
to haue ben wrōgfully charged ther-
with before/ ſayeng: That ſacrilege
it is & wickedneſſe/ to haue any wyll
to pleaſe god by good workes/ and
nat by onely faythe: whiche wordes
be as open/ as thoſe that ye wrote be
fore in Babilonyca/ where ye wryte
this ſentence: Thus thou ſeeſt (ſaye
ye) how riche is a chriſten man/ or he
that is baptyſed/ whiche thoughe he
wolde/ can nat leſe his ſaluation/ by
any ſynnes/ be they neuer ſo great:
but if he wyll nat beleue/ for no ſyn
can dampne hym/ but onely lacke of
beleue/ for as for all other ſynnes/ if
there

Sacrilegium
eſt et impie-
tas velle deo
placere per
opera et non
per ſolam fi-
dem.

Ita vides q̃
diues ſit ho-
mo chriſtian⁹
ſiue baptiſat⁹
qui etiam vo-
lens non po-
teſt pdere ſa-
lutem ſuam
quantiſcunq;
peccatis niſi
nolit credere.

there stande styll or cõe agayn fayth and credẽce in goddes promyse/ that god made to his sacrament of Baptyme/they be supped vp in a moment by the same faithe. These wordes of yours shewe so manyfestly what ye meane/ that there neyther nedeth nor boteth any glose: It can receue no colour/ but that contrary to Chrystes wordes/ the waye is strayte and narowe that leadeth to heuyn/ ye/with your Euangelycall lyberte/ make a brode and easy waye thider/ to wyn you fauour of the people/ teachynge that it shalbe ynough to beleue goddes promyse/ without any labour of good workes/ whiche is farre frõ the mynde of saynt Paule/ whiche teacheth vs a faith that worketh by loue and also sayth. If ye be in the fayth of Christ proue you ye: Whiche profe can nat be/ but by good workes: For as scrip

Nulla enim peccata eum possunt dãnare nisi sola incredulitas/ cetera omnia/ si redeat vel stet fides in promissionem diuinã baptisato factam/ i momento absorbenter per eandem fidẽ.

Angusta ẽ uia que ducit ad celum.

Si estis in fide christi uos ipsi ꝓbate.

Qui opera-
tur iustitiā ac
ceptꝰ est deo.

as scripture sayth: He that worketh
rightuousnes/ is accepted with god:
And saynt Johan spekyng/ agaynst
suche seductours as begile men with
a vayne ydell and a deed faith/ saith:

Filioli nemo
vos seducat/
qui facit iusti
tiā iustus est.

My chyldren / lette no man begyle
you/ he that iustly dothe/ he is iuste &
rightuous/ for els to beleue of youre
facion/ without good workes & bold
ly to lyue in vice and wretchednesse/
with presumptuous hope / that your
faithe shall suppe vp all your synnes

Tu credis qđ
vnus est deꝰ/
et demões cre
dūt et contre-
miscūt. in hoc
te minꝰ mali
sunt quia non
times.

it is a faithe worse than deuillyshe/
For as saynt James saith: Thou be-
leuest that there is one god/ so dothe
deuylles/ and trymble for drede: In
this they be nat so yuell as thou / for
thou fearest nat.

¶ And verily/ with that opinyon of
your onely faithe/ ye putte awaye all
feare of god/ whan ye say that a man
though

though he wolde neuer so fayn (how
vngratus soeuer his dedꝭ be) cã nat
be damned/but if he will nat beleue:
thã/if this were true/there shulde no
mã nede to fere god no maner away/
neyther by fere of his iugementꝭ nor
iust punishmentꝭ/nor by initiall or fi
lyall. For what nedeth a man to fere
god / if onely beleue may saue hym/
or what boteth a man to feare hell/ or
to labour for heuen/or to feare the dis
pleasure of almighty god / if a bare
faithe may saue his soule. And also/
where as ye put clene away by your
assertions/all feare of goddes iuge-
ment from the induction of the sacra
ment of penaunce/& wolde that ouly
by loue we shulde attayne the same/
herein ye wolde do great wronge to
all synners/ though ye by your wor-
kes pretende thẽ fauour/for ye wolde
take away one of the best meanes to
attayne

attayne ỿ very pfyt loue of god / whi
che loue in hym selfe / encludeth a cer-
tayne feare. And I feare me / that in
the pylgrimage of this present lyfe /
loue is right syldome very sure if we
sette a syde all feare / & make our selfe
to sure: For as holy scripture saithe:
Unto whõ saith our lord shall I loke
but vpon an hũble man and a quyet /
and hym that dredeth my wordes / by
whiche appereth well / that without
drede of goddes wordes / he wyll nat
loke vpon a man: wherunto well ac-
cordeth the wordes of scripture / whi
che saith: But if thou holde thy selfe
continually in the feare of god / sone
shall thyn house be subuerted. Thus
may ye se Luther what so euer ye say
feare may nat well in this worlde be
for borne / but if we wolde haue god
tourne his face from vs / & our house
ouer tourned vpon our heed / & surely
in scrip-

Ad quem re-spiciam dicit dñs nisi ad humilem et quietum et timentẽ sermones meos

in scripture/ who so that redeth shall well fynde that the gyftes and callyn ges of god/ be dyuers and in sondrie wayes deuyded/amõges whiche/ser uyle drede is one / and yet all to one ende/ without whiche medyations & meanes/ the synner can nat alwayes attayne at the fyrst/ that perfyte cha= rite that causeth saluation. Wherfore what worse counsayle can ye gyue to synners/ thã to aduyse them to leaue/ those remedies & meanes/ by whiche they may be pulled from syn/ & grati ously drawen to god: And of trouthe there is nat lightly any other waye/ by which me be drawen more often/ nor yet in the begynnung more strõg= lye/than by that feare that is caste in to the herte/by the depe cõsyderation of the terrible paynes of hell / which thyng was the very cause/ for which our mercifull Sauiour dyd cast that feare

Timete eū / q quū occiderit habet potesta tem mittere in gehennam.

feare before the eyen of his blessed a- postels / whan he said vnto the: drede hym / whiche whan he hathe kylled / hath also power to cast in to hell / and therfore whā this was said to ŷ apo- stels: let no mā thike this tere a thige of so lytell weight to sely synners / & nat yet so verily penytentes in dede / as deuisyng thervpon and goynge a bout to be. To whome / what can be more holsome than feare / whiche as

Timor expel lit peccatum.

scripture saith / putteth syn out / and he that is without feare can nat be iu

Qui sine ti- more est, non poterit iusti- ficari.

stifyed. And ye wolde haue feare of goddes iugement and puyssh ment / nat onely taken fro contrition / whi- che is the moost cōmune waye ŷ dra- weth men from synne: but also to the ende / that men shulde in synne pre- sume vpon their faithe / ye wolde ha- ue all feare taken frō the loue of god: where as holy scripture rekeneth fea re away /

re away / to attayne the loue of god/
for he ſaith. The feare of god/ is the
begynnyng of loue/ ye and alſo thret
neth (as I haue ſayde) that excepte
thou kepe thy ſelfe continually in the
feare of god/thyne houſe ſhall ſoone
be ſubuerted. The ſcripture beſydes
this well declareth alſo / howe great
ſtrength feare hath towarde faithe/
whan he ſaithe: they that feare god
wyll beleue his worde/and they that
feare hym / wyll ſeke and enſertche/
what thynges ſtande with his plea-
ſure. And yet ouer all this/holy ſcrip
ture teacheth vs that wiſedome/ alſo
taketh his beginnyng of feare/for he
ſaithe: The beginnyng of wiſedom
is drede of god. Lo Luther / here ye
ſe that feare which ye ſet ſo lytell by/
the holy ſcripture (by whiche ye ma-
ke/ as though ye ſet moche) ioyneth
nat onely with wyſedome and faithe
out

Timor domi-
ni initium di-
lectionis.

Qui timẽt do
minũ nõ erũt
in creduli ver
bo illius / q̄ ti-
ment inqrent
que benepla-
cita sunt ei.

Initiũ sapiẽ-
tie timor dñi.

but also to loue/during the tyme that
we wandre in the pilgrymage of this
worlde/ and nat without good cause
For surely/ whan a man is by ye feare
of goddes iugemēt withdrawen frō
the folowyng of synne (which tour⸗
neth his mynde from god) he is & ne
des must be/ the more fyt both to loue
god/ and be beloued of him. For whi
che cause/ the holy prophete Dauyd/
parceyuing the great profyte of that
necessary feare/ hertely prayed god/
that this feare might nat onely be sēt
hym: but also strōgly/ with his grefe
and payne stricken in to hym/ crieng
to god in this wise. Rote or fastyn in
my flesshe/ thy feare/ for I haue been
a ferde of thy iugemētes: so sheweth
he/ that he hath nat onely feared god
des iugementes/ but he desyreth also
to haue that drede depely fastened in
in his herte. And wherto wolde god
haue

Confige in ti⸗
more tuo car⸗
nes meas a
iudicijs enim
tuis tim ui

haue gyuen vs warnyng of hell/and thretten vs therwith/except the feare therof shulde haue been/ as it were a bytte or a bridell to refrayne vs from synne/ and to bringe vs and preserue vs in charite/and his fauour. Wherfore/ sithe it is euydent that ye take a waye this feare/ and openly write agaynst good workes / contempnyng in penitentes all satisfaction: Howe shamelesse are ye to write yͭ ye vpon faith do edifye charite/whan as I haue expressly proued by your owne writyng that ye buylde vpon your fayth right nought but yuell workes in techyng that onely faith alone suffiseth and manifestly cōtempne good workes / and gyue boldnesse largely to worke yuell without feare/teachyng that faythe alone shall suppe vp all our synnes/ namely as ye defyne yoꝛ faith/ where ye say that faith can nat

Fides esse nullo modo potest nisi sit

viuax quedā et indubitata opinio qua ho mo certus est super omnem certitudinem se placere deo se deum habe re propitium & ignoscētem in omnibus q̄ fecerit aut ges serit.

be in no wyse / but if it be a certayne lyuely & vndouted opynion / by whiche a man is certayne aboue all certaynte yͭ he pleaseth god / & that god hath hym in fauour / and pardoneth hym in all that euer he dothe / by whiche wordes ye cōmaūde an high presumptuous faith / wylling men to reken and accompt them selfe nat only sure of goddes fauoure / but also so highly in his fauour / that they maye be bolde to offende hym / as thoughe he wyll for mannes onely faith / pardone and forgyue all their fautes.

Frustra sibi de sola fide blanditur qui bonis morib9 non vtatur.

Fides appel-

And yͭ suche a faithe wyll as ye wrot in Babilonica / suppe vp all their sinnes which faithe is cōtrary to yͭ / whiche olde doctours teche: for holy Isidore saith / that man whiche wyll nat vse no good dedes doth folisshly flatter hym selfe with a bare faithe. And also saynt Augustyne affyrmeth / that

faithe

faithe beareth his name in latyn of
two syllables / the one belongeth to
the dede/the other to the sayenge. I
aske yͤ saith sait Augustyne/wheder
thou beleuest or nay/thou answerest
ye: than do as thou sayest / and than
hast thou faithe. But what auayleth
to lay you the wordes of your auou-
ry saynt Augustyne/out of whose or
der ye be ronne in apostasye: Wherto
shulde I lay you the auctorite of any
of the olde holy fathers/whom ye set
tyng all at nought / dare boldly con-
tende and affyrme that there is none
other way to faithe/ nor that fayth is
none other maner thynge / but suche
as ye defyne wrong/which your wrō
ge defynition of faith/albeit ye wold
haue it beare a cloke/and be taken as
though it were formed and perfyted
with charite:yet shall ye neuer make
any mā that knoweth the right fayth

lata est ab eo ꝙ fit. due sylla be sonant quū dicitur fides / pͥma a facto secunda a dicto. interrogo te ergo vtrum credas dicis credo fac qđ dicis et fides est.

of Chriſt in that poynt to beleue you
whan you make your faith care ſo ly
tell for good workes/ and ſo lyght-
ly ſupping vp all ſynnes that it muſt
nedes gyue all myſcheuous vnthryf-
tes a great audacite and boldneſſe of
vngratious lyueng/ For vpon the o-
ther ſyde the bleſſed Apoſtell ſaithe/
in them that are of age the very true
faithe is that / whiche worketh with
loue: And ſaynt Iohan alſo ſaith/he
that loueth god / hath and obſerueth
his cõmaundementes/ ſo after bothe
their myndes/the one of faithe the o-
ther of loue/ ye muſt of neceſſyte (as
holy ſcripture ſaith: Declyne frome
yuell and do good / and nat to reſt in
that ydell and errogant faith/by whi
che ye thynke and ymagen your ſelfe
ſure and certayne/aboue all certayn-
te/ that god is well pleaſed with you
and eyther approueth or pardoneth/
all that

Qui diligit de
um/ mandata
ius habet et
eruat.

all that euer ye do: Foꝛ if that were ſo that holy man Job/ whiche was of goddes owne mouthe called ſo good and rightuous/ that there was none lyke hym in the erth/ wolde neuer haue been ſo tymerous and fearfull/ as to haue ſayde: J feared all my woꝛkes/ well wittynge that thou ſpareſt nat the ſynner.

Uerebar omnia opera mea ſciens ꝗ non parceres delinquenti.

¶ Nowe where ye wꝛite that faythe muſt be lyuely/ that graunt J well/ but how cã it be lyuely without loue and he loueth nat god/ as the Euangelyſt ſaith/ that kepeth nat his commaundementes/ noꝛ he that is of age kepeth nat the cõmaundemẽtes/ that laboureth nat in good woꝛkꝫ: Wherupon it well and conſequently foloweth/ ỷ your faith ſettyng good woꝛkes at nought/ can in no wyſe be lyuely/ but muſt nedes be ſuche a faith/ as

ſaynt

saynt James the apostell reproueth/ where he saith: Faith without good workes is deed. Ouer this/ if that be trewe that your selfe affyrme in your sermons of the preceptes/ that goddꝭ cōmaundementes/ namely the nynth and yͤ tēth can of no man (be he neuer so good) in any maner wyse be kepte contrary to yͭ / that Christ semeth to meane / where he saithe / my yoke is softe and easy / and my burden lyght/ but as I said / if ye say true yͭ goddes cōmaūdemētes can ī no wise be kept/ ⁊ god is nat loued / but if his cōmaū-demētes be kept / nor lyfe is there non in faithe / except yͭ god be loued / se ye nat now yͭ of your owne wordꝭ ye fal agayne to the fyrst poynt / that faithe whiche (as ye say) must nedes be ly-uely / ye bring it in to suche case that it must nedes be deed / but your entēt may facilly be ꝑceyued: For as your

Fides sine operibus mortua est.

Iugum meū suaue est et onus meum leue.

workes

workes do ſhewe / ye wolde eyther yͭ
men ſhulde preſume to beleue yͭ faith
were as an inſtrument to ꝓuoke men
to ſynne / and to gyue them boldneſſe
that faith ſhall ſuppe vp all their ſyn
nes / how great ſoeuer they be / to the
entent that men ſhulde neglect good
workes / and remayne in high preſũp
tion / whiche is contrary to ſcripture
whiche ſaith: O moſt wicked preſũp
tion / wherof were thou made / or els
ye ſette it in that high pricke / though
with imꝑtinate termes / which fewe
or none can attayne vnto / bryngynge
in therby men in to deſperation / to yͤ
entent that deſperation ones rooted /
all care of good lyueng layd a parte
they ſhulde ron out at large in to all
kynde of vytiouſneſſe / and than ye
myght ſaye by them as ſaynt Paule
ſaythe / ad Ephe. They diſpeyringe /
haue gyuen them ſelfe to lechery / and
the wor-

O preſũptio neq̃ſſima vn-
de creata es.

Deſperantes
ſemetipſos
tradiderũt im
pudicitie in

operationē i-
mundicie oīs
in auariciam.

the workyng of all vnclennesse/ whi-
che thyng ye procure vnder pretence
of lyberte. And also the sayeng of ho
ly Job/ whiche saith to desperate fol

Non credit
frustra errore
deceptꝰ quod
aliquo precio
redimendus
sit.

kes/ he beleueth nat vainly deceyued
by errour/ that he shulde be redemed
by any price/ wherby men maye par-
fitely parceyue your doctryne & prea
chyng expressly naught/ which wolde
gyue to men no meane way in faithe
but eyther that/ whiche the blyndest
maye parceyue naught/ or that waye
whiche the best can skante attayne/
nor neyther by the one waye nor the
other/ nothynge els procure or go a-
bout/ but to fynde the meanes/ that
eyther the boldnesse of faithe optay-
ned/ or the dispeyre of optaynynge
myght driue men in to a bolde lyber-
te of leude lyueng/ whiche is the one
ly thyng that ye labour to bringe in
custome vnder the name and cloke of

Euan-

Euangelycall fredome. And this is
the charyte/ that ye buylde vpon the
foundation of your deed faithe.

¶ Nowe where ye wryte/ ŷ ye bylde
vpon your faithe obedience towarde
gouernars/ who seeth nat how shãe-
lesse an vntrouth ye wryte theri/ whã
there is no man but he knoweth how
obstinately ye teache that no christen
man can be boũden by any lawes / of
which the gouernours be ministers:
And also howe ye sette at nought/all
the holy generall counsails that euer
haue ben of Christes churche: For ŷ
execusion of whiche / your vngraty-
ous heresy / ye with other detestable
heretykes/ brenned vp the holy Can-
nõs with open derisyon and rude vp
landish people by you incensed/ ha
ue rysen in plũpes agaynst their go-
uernours/ to their owne distructyon
and

and your ſhame.

¶ Howe can ye for ſhame ſay that ye
buylde vpon your faithe the crucify-
eng of the body of ſyn/ whan ye byld
vpon your deed faith/ the negligence
of prayers / the vilypenſyon of holy-
dayes/ the cõtempt of faſtyng dayes/
and finally all thyng in effecte/ whi-
che chriſten men by the cõmaũdemẽt
of Chriſt/ and ordynaũce of his holy
church/ crucifye the body of ſyn by.

¶ Alſo howe can ye ſay that ye teach
and exhorte men to crucifye the body
of ſynne/ whan ye teache that ſynfull
hereſy / that man hath no power nor
lybertie in his wyll to do any good
with all: For who ſhall ſtudy to do a
ny good or care what yuell he dothe/
that were ones throughly perſuaded
in hi ſelfe/ yͭ he neyther can any good
thyng

thyng do by hym ſelfe / nor workyng
with goddes grace any thig to do to-
warde it/nor that in any yuell worke
his owne wyll dothe any thyng at all
but the neceſſyte of goddes wyll wor
keth all togyder / whiche he can ney-
ther let nor further. ¶This hereſy/the
very worſt that euer was/and mooſt
highly touchyng the iuſtyce of god/
ſemeth to be the very rote/wherof all
other myſcheuous demeanour ⁊ out-
rage of your vngratious faction ſpri
geth / whoſe boldneſſe and temeryte
ye arme with the excuſe of goddes or
dynaunce/ and ineuytable neceſſyte/
and thus you wold aproue your falſe
opinyons/ ſettyng forthe ⁊ prechyng
ſome certaine places of ſcripture ob-
ſcurely written / extorted by you for
your purpoſe/ſome clere againſt you
which ye neuertheles without ſhame
cõtende that they make for you/ wher

fore

fore I marueyle greatly (if you had
eyther wytte or shame) yͭ you durste
haue that boldnesse to afferme yͤ ab-
hominable and vnresonable heresy a
gaynst the doctryne of so many good
men/ of so many wysemen/ of so ma-
ny cōnyng men/ of so many holy men
against the hole consent ⁊ agrement/
nat only of Christes holy church/ fro
the begynnynge therof to this daye/
but also/ agaynst all cōmune reason
of all the hole worlde / fro the fyrste
creation of the worlde hytherto (sa-
uyng that of late Wicclyffe began it
afore you) and agaynst innumerable
places of holy scripture / manyfestly
shewyng the contrary to your opy-
nyon/ wherunto ye can set no colour
of which syth they be so ryfe ⁊ thicke
in euery parte of scripture/ in vayne
were it here to bring you many/ ther-
fore one or two shall suffyce for a sam
ple.

ple. For what can be more open than these playne wordes/ I haue set before you lyfe and dethe / good blessynge & maledyction/chose therfore lyfe that þ mayst lyue/ & thy ꝓgeny also: what election is there I pray you where lyberte lacketh? howe standeth choyce with necessyte? In lykewise/ where it is openly sayde vnto man / by god puttynge bothe good and badde punysshment/ and rewarde in choice of mãnes fre wyll/sayeng thus: I haue set before the/ fyre and water/ to whether thou wylte put forthe thyn hãde and in lykewise this: Before man I haue put bothe lyfe and dethe/ wherther shall please hym shall be gyuen hym. What meaneth here his wyll & puttyng forthe his hande/ if he haue no lyberte of choyce? Wherto badde saynt Iohñ that the iewes shulde do penaunce? Wherto badde Christ the aduou-

Proposui vobis vitam et mortẽ/ benedictionem et maledictionẽ elige ergo vitam vt & tu viuas et semen tuum.

Apposui tibi aquam et ignem ad quod volueris porrige manum tuam.

Ante hoĩem vita & mors ꝙ placuerit et dabitur illi.

aduoutresse that she shulde synne no more: Wherto cōmaūded he all men to kepe his cōmaundemētes/ if men coude neyther of them selfe performe thē/ nor with his ayde and helpe do a ny thyng towarde them: Whan god tolde thē/ that good and badde was put in their choice/ dyd god tell them a trewe tale or a false: if ye saye that he sayd nat true/ than take ye credēce from all his promyses by faith/ whiche onely credence ye say/ suffyseth to saluation. And on the other syde/ if it were true/ than must ye be nedes vntrewe that teache the cōtrary/ so that in this mater I se none other question/ but wheder we shal beleue Christ or you/ except ye wyll say (as I se no thyng so farre out of reason/ but ye be redy to saye it) that god spake it in sporte/ but neyther is that the graue and ernest maner of his maieste/ and

in this

in this thyng also he spake marueylous ernestly/and shewed them their free liberte/as the very cause of their iust punysshment/if they brake his behest/declaryng and testifyeng his rightwyse Justyce/to the ende that no man shulde of his goodnesse conceyue so pestylēt opinyon/as to thike the thyng that ye nowe preache/ whiche is/ that his clemence hath that tyrānous nature to punysshe any man without desert/as it were onely for a cruell pleasure. And therfore/ whan ye be so farre fallen in to the pytte of pestylent heresyes/that ye can fynde in your hert to conceyue that detestable opinyon of god/whiche no good man can fynde in his herte to thynke of an other/there nedeth none other profe to declare what ruynous buylding ye reare vpon the false foundation of your vnfaithfull faythe.

¶Nor

¶ Nor I touche nat these heresyes of yours for any purpose/ to dyspute vpon them: For I bothe knowe thẽ for suche as agaynst euery one of thẽ were mater ynough/ nat for a longe letter/but for many long bokes: and also/ for suche as be so plainly and so fully dãpned/ reproued/ and reiected alredy/ and vpon the bare hearynge in euery good mannes eares so dãpnable in themselfe/that they nede nat to be nowe disputed vpon/nor shulde be disputable or doutfull/ and moche lesse credible/although(as sait Paule saith) An angell wolde come from heuyn and preache them/ beyng so cõtrary to the gospell and faithe / that Christ hath taught his church / from the begynnyng hyderto. Nor if they were as doutfull and dysputable for you / as they be vndoutedly clere agaynst you/ yet am I long syns at apoynt poit/no more to vouchsafe to dyspute any mat with you/ sith I haue had so good experiēce of you/howe clene ye set all reason asyde/and fall all to raylyng: For which I haue determyned (which I shal surely kepe) as for any dispytions/to leaue you to your leudnesse/albeit other folke me thynke haue as well of other places/ as of our owne realme answered you/ & somwhat handled you/ as ye be worthy/ after your owne facion/ sauyng that they among playne wordes/ tell you reason/ where ye vsed onely raylyng and as yet/ye answere none of them one worde/ agaynst whom ye wolde nat so longe haue holde your peace/ were it nat that ye pceyue your selfe so plainly cōcluded/that ye coude nat write agaiust them again for shame: but and if ye happe herafter to ware shamelesse agayne for angre/some of

E them

them I thynke/wyll nat mysse yet eft sones/Luther/ones to shewe you yor selfe agayne: But as for me/ neyther purpose I to write any more to you/ nor at this tyme wolde nat / ne were it that I pceyue by your letter/ your fraudulente purpose / by whiche ye wolde abuse the worlde / as thoughe ye knewe me for turned to your sect: wheri I wold haue gyuen you short answere without any touche of your heresyes in specialte/had ye nat be so shamelesse to write that ye teache no thynge els/but that men muste be saued in the faithe of Christ/ with charite buylded therupon/ and obediẽce and crucifyeng of the body of synne/ whiche your shãefull and shamelesse lyeng / hath driuen me so to shewe & specify one or two of your open heresyes / that euery man maye parceyue howe farre they be of an other kynde

than

than the faith of our ſaluation or cha
rite/ or obediēce/ or crucifyeng of the
body of ſynne/ whiche ye ſaye be the
onely thynges that ye teache/ and yet
haue I nothynge touched / the great
hygh hepe of all your other heynous
hereſies/ whiche yet more plainly de
clare and proue your ſhameleſſe vn-
trueth/ in writyng/ that ye teache no-
thyng els/ but the faithe of our ſalua
tion/ charite/ obedience/ and crucify-
eng of the body of ſynne: For whan
ye ſo plainly write agaynſt the ſacra
mentes of Chriſtes church/ whan ye
damne chaſtite in preeſtes / deny all
holy orders/ ioyne breed with yͤ body
of Chriſt/ take from all men the bene
fyte of the maſſe/ rayle agaynſt yͤ ho-
ly Canon of the ſame: whan ye make
women confeſſours and miniſters of
all ſacramentes/ and make them con-
ſecrate the body of Chriſt: Whan ye

 teache

teache so lytell differēce bytwene our blessed lady and your leude Lēman: Whan ye blaspheme Chistes holy crosse: Whan ye teache that there is no purgatorie/ but ỹ all soules shall slepe tyll the daye of dome/ that syn-ners may be bolde for so long/ with a thousāde shamefull heresies besyde/ Are ye nat now a shamed/ to say that ye teache nothyng els / but that man must be saued by the faithe of Jesu Christ: Whan ye go about in dede to distroy the faith of Jesu Christ/ who if he had come to teache suche wayes as ye teache/ he had nat cōmen to call the world fro badde to good/ nor had been a techer of vertue/ as he was in dede/ but a very patrone of syn/ wher of the contrary/ he dyd well shewe in suffryng the punisshment of ỹ crosse for the onely redemptyon and remis-syon of our synnes. Howe myght ye

for

for shame (if there were any in you) write vnto me such thingꝭ/knowing that I nat onely haue reed these thin ges i your bokes/ but haue ouer that manifestly to your open shame & re= buke/conuycted you in many partes of the same/ as substantiall well ler= ned men do iuge.

¶ All whiche nat withstandynge/ it is wonder to se/with what boldnesse ye desyre to be herde/and (as though ye hadde neuer been herde hytherto) shewe your selfe moche to marueyle why ye shulde be condempned / ney= ther beyng herde nor cōuicted. Haue ye nat been herde face to face before ȳ popes Legate in Almayne? Haue ye nat been herde in open dispytions in Saxony: haue ye nat ben ouermoch herde / by your erronyous and blas= phemous bokes ouer largely sprede/ through

through the worlde: ⁊ yet ye alledge
your selfe nat to be herde/but condẽp
ned without conuyction: ye maye be
safe ynough from all cõdempnation/
if there be fyrst requisyte suche a con
uyction/as your selfe wyll cõfesse for
a conuyction:.but of trouth/ ye haue
ben conuycted oft ynough by sondrie
connyng men (and as wyse and well
lerned men reken) by my wrytyng al-
so/ whiche was confermed by the ap-
probation of the see apostolyke/ the
which thing though your pride wyll
nat parceyue/ yet your dealyng doth
confesse/sithe ye neuer hiderto coude
ne dyd answere therunto/by any sub
stantiall reason/ but onely by leude
raylyng.

¶ If my selfe knewe nat the maters
wherof ye be condempned/yet coude
I no thynge dout/ but ye were iustly
condemp-

condemyned/ seyng that ye were con
demyned by our holy father the pope
and the holy college of Cardynals:
whose iustyce and indifference/ there
wyll no wyse man any thynge mys-
trust/ for the leude raylyng of a sym-
ple frere/ angry with his owne iuste
condempnation/ and namely such as
ye be/ whom no reason can satisfye/
none auctorite can moue/ nor beleue
no man but your owne wytte/ whom
onely ye beleue in all thynges / con-
trary to the wyse mannes counsayle/
whiche saith: Stande nat to well in
your owne conceyte: And he saith al-
so/ that there is moche more hope of a
fole than of one that taketh hym selfe
for so wyse. Whan ye were also con-
demyned by dyuers vnyuersitees / &
among other/ by the famous vniuer-
syte of Paris: why shulde I mistrust
your condempnation: and though I
had

Nolli sapiens
esse apud te-
metipsum.
Vidisti hoīem
sapiētem sibi
videri: magis
illo spem ha-
bebit insipiēs

had my selfe (as I sayde) nothynge
knowen of your mater/ namely sithe
your selfe cōdiscended to stande and
obey to the iugement of Paris / but
perceyuinge your errours so many-
fest/ that ye coude haue none hope in
the iugement of any man / good and
cōnyng / At your personall beyng at
Wormace/ where ye were by the Em
perours maieste condēpned in playn
parliament/ ye were/ ye said/ content
to dispute/ but ye refused vtterly vp-
pon your dispytions/ to stande to a-
ny mannes iugement . Nowe whan
I se that ye order youre selfe in this
wyse / neyther stande to the iudges
that ye condiscende vpon / nor to the
iugement of the Emperour/ with su
che nombre of cōning men as he hath
and than had about hym : nor to the
iugement of the Pope/ and ẏ church
of Rome/ but furiously appele from
the pope

the Pope to the next generall coun-
sayle / and that with a starynge hole / farther addyng / suche as shulde next be congregate in the Holygost: And yet after that / openly detracte & deny the power of all generall counsayls / wherby well appered / that in conclusion / ye wolde stande to none at all: howe coude I than (as I said) mistrust your condempnation: All this your order consydred / albeit I had nothyng els herde and understäden of your mater: but nowe knowynge your maters my selfe / and well parceyuinge them / for suche as they be / playne and euydent heresyes / of suche sorte / as I haue rehersed you sōe / as ye say ye marueyle that ye can nat be herde: so I moche marueyle more that you can so say / and that any mā is in those opynions content to gyue you any hearynge at all / as thoughe they

they ſhulde nowe dout/ wheder thoſe
thynges be trewe oꝛ nat: Whiche as
artycles of oure faithe/ all Chꝛiſtes
churche beleueth/ and hath contynu=
ally beleued this fyftene hundꝛed ye=
res befoꝛe/ as appereth by yͤ doctrine
of Chꝛiſt and his bleſſed Appoſtels/
with many other holy doctours and
ſayntes/ wꝛitynge in ſondꝛie tymes
conſonant in one faithe/ fro Chꝛiſtes
dayes vnto yours/ of whiche holy ſai
tes/ ⁊ interpꝛetours of the ſcrypture
of god/ ſithe ye contempne their wꝛi=
tynges/ I ſe nat by what reaſon ye
can deſyꝛe yͭ we ſhulde beleue yours/
oꝛ what frute coude come of your wꝛi
tynges/ ſo clene contrary to the frute=
full wꝛityng of theirs: And therfoꝛe
where ye ſaye there were great hope
of no lytell fruyte to the goſpell/ and
gloꝛie of god/ if ye might haue leaue
and lyberte/ to wꝛite vnto me therof:
ſurely

surely / than hadde ye nede to write
clene the contrary/ of suche thynges
as ye haue written alredy/ and seme
lykely to write by your letter/ for by
that ye haue hiderto written/ the gos
pell of Christ hath take no frute/ but
by the pestylent blast of your veno-
mous mouth/hath had moche good-
ly frute vtterly spilte and rotten/and
many a fayre blossome peryssched/ ẏ
wolde haue ben swete frute/if suche
a catter pyller had nat deuoured thē.

¶ Nowe where as ye rayle of ẏ fau-
tes of the court of Rome/ and the cler
gye / I purpose nat with a manne of
your auctorite to dispute moche ther
vpō/but how soeuer they be/ye shew
your selfe what ye be: and syth ye re-
ken your selfe so great a gospeller/it
were well done/ that ye lerned of the
gospell/ to pull the beme out of your
owne

owne eye/ere ye ſpye a feſtue in ano-
ther mãnes/ and that ye conſydꝛe by
them that of rancour and malyce re-
buked Dauyd/ what ende they com-
munely came vnto/ that rayle vpon
their ſouerayns: And that/albeit ye
ſhulde ſe the church ſōwhat ſwarue/
that ye be nat yet ſo bolde and mala-
perte/ pꝛeſumptuouſly to take vpon
you to ſet your croked handes to the
rightig therof/ leſt god ſo teache you
curteſy/ as he taught hym that ſette
hande to ỹ arche of god whan it was
ſwarued: Howe be it vndoubtely/
though ye lyſt to rayle vpon ỹ court
of Rome/ yet it well appereth vpon
your doctryne/and your lyueng that
ye woꝛſt lyke in the churche/ what ſo
euer is beſt: foꝛ ſithe vnthꝛiftes and a
poſtataes/ that ron out of relygion
and fall to fleſſhly delyte/ be welcom
to you/ and good relygious folke be
dayly

dayly by your meanes expelled oute of their places / in whiche they were determyned in chastyte / prayer / and fastyng / to bestowe their lyues i goddes seruice: & now those holy houses partly pulled downe / partely good & vertuous virgyns put out / left vnto lechours / and polluted with apostataes / vnder the name of mariage lyueng in lechery: This dealyng well declareth / that ye hate no man for his vyce / but that ye rather hate thē that be good and vertuous / bycause they be contrary to your wayes: & surely the great cause why ye murmure agaynst the churche of Rome is / bycause ye se and were wode therwith / that it hath cōdēpned your heresyes / so that it may with reason auns were you with holy scripture / which saith: your murmure is nat against vs but agaynst our lorde: And than shall it

Non contra nos est murmur vestr. sed cōtra dominum.

loke vp

loke vp to Christ in heuyn/whose pla
ce it representeth in erthe/and shall a
gaynst youre heynous presumptyon
gratiously be herde/sayẽg: they that

Presumẽtes de se et de sua virtute glori-antes humilias.

presume vpon them selfe/and glorie
in their owne strength/thou doest a-
bate good lorde: & surely there was
neuer mã borne (I trowe) that set so
moche by hym selfe/that had so lytell
cause: but and ye were so wyse i dede
as ye stande well in your owne con-
ceyt/ ye wolde nat murmure agaynst
your amẽdement/for as the wyse mã

Vir prudens et disciplinat9 non murmu-rabit correpte9

saithe: A discrete man & well taught
wyll nat murmure/ whan his fautes
be shewed him. I feare ye shall finde
it so/that wenyng your selfe so wyse/
it wyll fall by you/as saynt Paule
saithe/by the paynym philosophers/

Euanuerunt in cogitationibus suis ob-

They haue done vainly in their in-
uentions/ their folysshe hertes were
blynded/ callyng thẽ selfe wyse men/
they

they were made fooles. So ye ryse
highe in your owne herte / and with
great bost reken your selfe very riche
of frendes/and namely of great prin
ces/ that (as ye say) take your parte
in Almayn: but I wene ye shall finde
to preue trewe vpon you these wor-
des of the Apocalyps/ whiche saithe
to the ryche man these wordes: thou
affyrmest to thy selfe/ I am riche and
of great substaũce/and haue no nede
of nothynge/ & yet thou knowest nat
that thou arte a wretche / and mysera
ble and poore / blynde and naked: I
thynke ere it be long / our lorde wyll
of his highe goodnesse prouyde/that
with such wayes as ye take/ your vn
wyse pride wyll in suche wyse abate/
that ye shall fynde your selfe as pore
and bare of all frẽdes/as ye be of gra
ce and goodnesse/and it beginneth al
redy/ if ye haue the witte to parceyue
it: For

scuratũ est insi
piẽs cor eorũ:
dicẽtes se esse
sapiẽtes stulti
facti sunt.

Tu dicis q̃
diues sũ et lo
cupletatus et
nullius egeo
et nescis quia
miser es et mi
serabilis et
pauper et ce
cus et nudus.

it: For where ye boost of princes ta-
kyng your parte/ we here of none su-
che: but haue good experience ỹ rude
boystous people/ seduced with your
secte/ haue cōmen to great myschefe/
by the valyaunt acquitayle of good
and Catholyke princes in Almayne/
that resysted your malicious faction
there/ to their highe meryte of god/
honour of this worlde/ laude & praise
of all good christen men: And where
ye saye/ it is no marueyle though the
Emperour and some other prynces
pursue you/ and that it were maruell
if any prince or people were on your
parte/ rehersyng the wordes of Da-
uid: the gentyls haue ben angry/ and
the people haue deuysed ĩ vayne/ kyn
ges haue assembled/ and prĩces haue
gathered togider agaynst our lorde/
and agaynst his enoynted Christe:
These wordes make moche agaynst
you/

Gentes fre-
muerũt et po
puli meditati
sũt inania asti
terũt reges et
principes con
uenerũt ĩ vnũ
aduers⁹ dñm
et aduersus
Christũ eius

you/ if ye say trouthe/that the prices and people of Almayne take youre parte/as you i your letter do affirme for certayne is it/that your doyng is in dede agaynst Christ/ wherfore take your parte agaynst hym who so wyll / he that dwelleth in the heuyns shall laugh them to scorne/ and oure lorde mocke them/as he hath all redy proued/by thre or fourscore thousāde of your faction/whiche by his highe punysshment/are/ & hath ben slayne.

Qui habitat i celis irridebit eos et dominus subsannabit eos.

¶ Now where as ye so holily wysh/ that god shulde in me so worke with your wordes/ ỹ I might (as it were by myracle) be cōuerted/ and fauour the gospell: Uerily/ I pfesse my selfe to fauour ỹ gospell/ and that mynde I praye god / nat onely to contynue/ but also dayly to encreace: but for as

F moche

moche as I well knowe/ that ye no-
thyng els meane/ by the fauour of the
goſpell/ but the fauour of your owne
ſecte/ and wolde haue your peſtylent
hereſyes taken for Chriſtes goſpell:
And ſithe I well wote alſo/ that our
lorde wyll hym ſelfe worke no myra-
cles/ agaynſt the faythe of his owne
ſonne: Therfore/ ere the deuyll ſhuld
worke any ſuche wondre in me/ that
I ſhulde (vnder ẏ cloke of Chriſtes
goſpell) fauour Luthers hereſies/ I
wolde fyrſte wyſſhe/ that ye Luther
and all yours/ were there where (ex-
cept ye mende) ye & they be worthy.

¶ Nowe as touching your worſhip
full gentyll offre/ that ye wolde/ if I
were ſo content/ make and put out a-
nother boke/ to my prayſe & honour/
with reuokynge of ſuche wordes/ as

ye haue

ye haue written to the contrary / All
this laboure I gladly remytte you/
nor I desyre none of your bokes / to
be written to my prayse/but wolde yͭ
ye shulde reuoke your heresyes / and
confesse your errours/ & therby gyue
prayse and glorie/ to almighty god:
For if ye perseuer in your heresyes
and leude lyueng/ ye canne nat more
highly praise me/thã in dispraising:
nor more highly disprayse me/ thã in
praysing/if it be trewe that Seneck
saythe: It is as great a shame to be
praysed of naughty folkes / as to be
praysed for naughtynesse. And ther-
fore/ where as ye in dyuers partes of
your letter write your selfe sore asha
med of your boke/ that ye put out a-
gaynst me/layeng the faut therof/ to
the yuell instigatyon of other men /
hũbly besechyng me of forgyuenesse

Tã turpe tibi sit laudari a turpibus: quã si lauderis ob turpia.

 proster-

prosterning your selfe to my fete/tru
styng that sithe I am a man mortall/
I wolde nat beare imortall enemyte:
Surely Luther / albeit ye haue ta-
ken your selfe alwaye for so great a
man/in your owne conceyte / that ye
haue in wrytynge / openly professed
your selfe/that ye were & euer wolde
be / bothe quycke and deed / a perpe-
tuall enemye to the Pope (to whose
highnesse I well knowe/howe farre
the estate of a kyng is inferyour) yet
neuer made I/so great accompte of
you/that euer I wolde vouchsafe/to
reken my selfe for your enemye: all
beit I am to your heresyes/as great
an enemye/as any man. Nor all that
euer ye wrote agaynst me/neuer mo-
ued me so sore: but that moche lesse/
submissyon on your parte/shulde cõ-
tent me/ than ye now offre/if it were
offred

offred syncerley: But sithe I p̄ceyue
all your humble offres proudely pou
dred / with the mainteynaũce of your
former heresyes: I am nat Luther so
blynde / but that I well parceyue / to
what ende entendeth youre (nat ve-
ry well nor wisely cloked) wilinesse:
by whiche (albeit that by the way ye
somtyme vse youre selfe for lacke of
wytte right contumelyously) yet la-
bour ye with blandysshyng and fla-
tery / to gete and obteyne leaue of vs:
that ye myght vnder the pretexte of
treatyng the gospell / with our good
wyll and fauour / write hyther to vs
boldly / in the defence and / fortifyeng
of your abhomynable errours & he-
resyes / at your lyberte: but if the no-
bles of Almayne had (as wolde god
they had) aswell foreseen your ways
in tyme / as I do / ye shulde nat there /

vnder the name of Euangelycall ly-
berte/haue brought in to the countre
ſo moche diſtructyon and myſchefe/
as ye haue. Wherfore/ as ye fayned-
ly beſeche me/ by the vertue of Chri-
ſtes croſſe (to whiche croſſe what re-
uerence ye beare/youre vnreuerente
treatyng and vyle wrytynge therof/
openly declareth) that I wolde par-
done youre offences towarde me / ſo
I Luther / vnfaynedly with a very
chriſtien hert/ aduyſe and counſayle
you/that ye proſterne your ſelfe/nat
at my fete/ but at goddes/ and with
his grace (which is euer at hãde/ for
them that wyllyngly wyll nat refuſe
it) ye do endeuer your ſelfe to applye
the fredome of your wyll (whiche ye
nowe ſynfully deny) to the callynge
for entre and encreace of grace. And
thervpon/ that ye ſo laboure and en-

force

forꝛce your ſelfe to woꝛke with all/ ẏ
ye maye fyꝛſt puttyng from you/and
ſendyng in to ſome Monaſtery/that
ſely wꝛetched woman/ſomtyme the
ſpouſe of Chꝛiſt: Whom ye to youre
bothe dampnatyon/ abuſe in ſynfull
lechery/ vnder the pꝛetext of laufull
matrimony: than by all the dayes of
your lyfe/to mourne/bewayle/and
lament/the manyfolde hereſyes that
ye haue fallen in: the Innumerable
heape of harmes/that your yuell do-
ctryne hath done/the piteous diſtru-
ction of all thoſe bodies/whom your
yuell incytatyon hathe cauſed to be
ſlayne. And yet aboue all/the mooſt
ſoꝛoufull loſſe and diſtruction/of the
infynite nombꝛe of thoſe ſely ſoules/
which your vnhappy teachyng hath
ſente in to dampnatyon: And wolde
our loꝛde ye had ſuche grace and go-
ſtely

stely strength/ that no feare of dethe/
coude refrayne you in the recōpēce of
your olde false errours/but that wyl
lyngly / ye wolde prease forthe/and
preache nowe openly the trueth/accu
syng and cōdempnyng all your olde
heresies / written in tyme paste / and
yet remaynyng in your herte / to the
furtheraunce of your dutie/ and aug
mentatyon of Christes very faythe.
Howe beit/if the lacke of grace/ and
the infyrmyte of your fleshe/ can nat
sustaine that/ wherby ye dare nat for
drede of dethe/ reuoke your errours
presently among them/ where ye ha-
ue sowen them: yet/dis dayne nat to
folowe saint Peter him selfe/though
ye contempne his successours: Wher-
fore/if ye dare nat confesse the truthe
but deny and forswere Christ with-
in/ gete you out at the lest wayes frō

them

them/ whom your selfe haue corrup-
ted vnlyke sait Peter, in that poynt:
and bytterly wepe for your syn/ with
drawyng your selfe somwhere farre
of/ in to some religious place/ & there
take recourse to the fountayne of gra
ce & remission/ our Sauiour Christ:
and there do penaunce for your syn/
where ye maye reuoke / and in wri-
tynge call agayne your olde errours
and heresyes/ for the helth and saue-
garde of your soule/ without any pa
ryll of your body : there/ with reuo-
kynge and lamentynge your former
errours and yuell lyuenge/ with the
meke and humble hoope of goddes
great mercy / with the gesture/ wor-
des/and hert of ŷ Publycan/ labour
to procure by the good contynuaũce
of frutefull penaunce/remissyon and
forgyuenesse of your fore passed of-
fences/

tences: of whiche your amendement
and other by your meanes / I wolde
be as gladde to here / as I haue
been ſorie to ſe you / ⁊ by
you ſo many mo / pi-
tuouſly ſpylt
and loſt.

∴

¶ Finis.

¶ Imprinted at London in Flete-
ſtrete by Rycharde Pynſon / printer
to the kynges mooſt noble grace.

¶ Cum priuilegio / a rege indulto.